MASAYUKI
MURAYOSHI'S

# BAGEL BOOK

# みなさん、ベーグルは好きですか？

ベーグルが日本で食べられるようになったのは、ここ数十年の話。
今や、専門店やお取り寄せなどが爆発的に増え、
ベーカリーでも人気メニューのひとつになりました。
それは、リング状のかわいい見た目と独特な食感が、僕たちを魅了するからです。

ベーグルは、少なめの水分で小麦粉を捏ねるため、
強い弾力のある、むちむちとした生地になります。
その上、焼く前に茹でて、先に表面をかためてしまうので、
焼いても、それ以上膨らまず、キメが詰まり、
小麦の旨味が凝縮したパンになるのです。

ベーグルには、作る点においても、
初心者も熟練者もハマってしまうほどの魅力があります。
それは、捏ねても生地がベタベタしないので、
粘土遊びをしているかのような気楽さがあり、
発酵の見極めも難しくなく、あとは茹でて焼けば、
ツヤツヤのぷっくり膨らんだベーグルに焼き上がること。
そして、なんといっても作りやすいから、アレンジも自由自在！

僕はこのおいしさと楽しさに、完全にハマりました。
来る日も、来る日もベーグルを作りました。そして発見したのが、
ベーグルはひとつの工程を「する、しない」の選択次第で、
いろんな味わいと食感に変化することでした。

食べやすく、ふんわり感がありつつも、もっちりした"ふわもちベーグル"。
かみ応え、食べ応えがある、クラシックな"もちもちベーグル"。
低温長時間発酵で小麦の旨味を引き出した、引きの強い"むっちりベーグル"。

本書は僕の大好きな上記の３つのベーグルの作り方と、
それを軸にしたアレンジベーグルを紹介しています。
きっと、どれも気に入ってもらえると思っています。

好きな食感の、好きな味のベーグルを楽しく気軽に作って、
手作りベーグルのおいしさに、ハマってもらえたらうれしいです。

## ムラヨシマサユキ

# CONTENTS

[ ベーグルを焼く前に ]

・本書で紹介しているベーグルは、家庭用オーブンで一度に作りやすい分量になっています。

・オーブンは使う前に、しっかり予熱してから焼いてください。

・本書で紹介しているベーグルは家庭用オーブンで焼成する際の温度、時間を紹介しています。オーブンの機種や性能により、差があります。焼き上がりは本書の写真を参考にし、記載されている時間で焼けるように温度を調整してください。

[ 料理を作る前に ]

・小さじ1は5ml、大さじ1は15mlです。

・「少々」は親指と人差し指でつまんだ分量、「ひとつまみ」は親指と人差し指、中指でつまんだ分量になります。

・「適量」はちょうどよい分量になります。

少ない水で捏ねて

ベーグルって

発酵させて

# WHAT IS BAGELS?

## どんなパン？

リング状にして

茹でて焼く

# 本書で紹介する
# 基本のベーグル

## 3 TYPES of BAGELS

強力粉に薄力粉を少し加えることで、
ふわっともちっと、歯切れのよい、誰もが食べやすいベーグル。
そのままでも、甘いクリームやフルーツを挟んだサンドイッチにしてもおいしい。

ふわ
もち
ベーグル

FLUFFY & CHEWY

生地がギューッと詰まっていてベーグルらしいもちもちの食感。
はちみつとヨーグルトにより短時間の発酵でも、風味と旨味が感じられる。
サラダ系のサンドイッチにしたり、トーストするとおいしいベーグル。

もち
もち
ベーグル

# THICK & CHEWY

もちもちの食感ながら、しっとりしていて引きの強いベーグル。
長時間発酵で成形がやや難しいが、発酵の風味や小麦の旨味を感じられる。
そのままでも、どんなサンドイッチにしてもおいしい。

むっ
ちり
ベーグル

# MOIST & CHEWY

# FLUFFY & CHEWY
# BAGELS

PLANE
プレーン
RECIPE ... p.42

ふわ
もち
ベーグル

13

**HONEY & OATMEAL**
はちみつとオートミール
RECIPE ... p.44

14

**EARL GREY & ORANGE PEEL**
アールグレイとオレンジピール
**RECIPE ... p.45**

GREEN OLIVE, ANCHOVIES & THYME
グリーンオリーブ、アンチョビ、タイム
RECIPE ... p.46

WORMWOOD, AZUKI & KINAKO
よもぎ、あずき、きなこ
RECIPE ... p.47

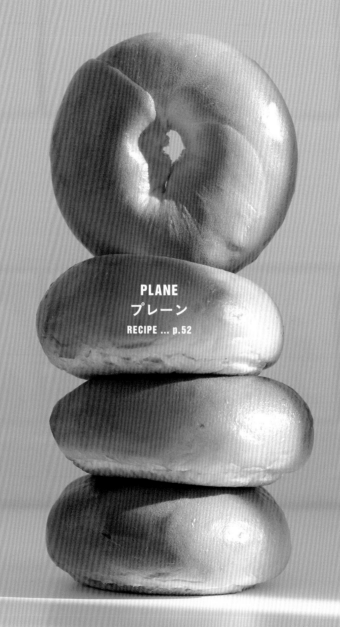

PLANE
プレーン
RECIPE ... p.52

# THICK & CHEWY
# BAGELS

もち
もち
ベーグル

**MACCHA, CRANBERRY & LEMON PEEL**
抹茶、クランベリー、レモンピール
**RECIPE ... p.54**

**BROWN SUGAR, COFFEE & CHOCOLATE CHIPS**
黒糖、コーヒー、チョコレートチップ
**RECIPE ... p.55**

**PROCESSED CHEESE & ROSEMARY**
プロセスチーズとローズマリー
**RECIPE ... p.56**

**SESAME PASTE & SESAME**
ごまごま
**RECIPE ... p.57**

23

# MOIST & CHEWY
# BAGELS

**PLANE**
プレーン
**RECIPE ... p.62**

むっちり
ベーグル

**CINNAMON & BLUEBERRY**
シナモンとブルーベリー
RECIPE ... p.64

FIG & WALNUT
いちじくとくるみ
RECIPE ... p.65

GARLIC, ONION & TOMATO
ガーリック、オニオン、トマト
RECIPE ... p.66

**PUMPKIN & SOY MILK**
かぼちゃと豆乳
RECIPE ... p.67

# DIFFERENT TYPES of
# BAGELS

いろ
んな
ベーグル

**CRISPY - PLANE**
クリスピー - プレーン
RECIPE ... p.72

CRISPY - YUZU, JAPANESE PEPPER & MISO
クリスピー − 柚子、山椒、白味噌
RECIPE ... p.73

**MARBLE - COCOA & CONDENSED MILK**
マーブル - ココアと練乳
RECIPE ... p.76

**MARBLE - SQUID INK & PAPRIKA**
マーブル - イカスミとパプリカ
RECIPE ... p.78

**OYAKI - NOZAWANA & AOJISO**
おやき - 野沢菜と青じそ
RECIPE ... p.80

OYAKI - BAKED SWEET POTETO, MAPLE SYRUP & WALNUT
おやき - 焼きいも、メープルシロップ、くるみ
RECIPE ... p.81

**PRETZELS**
プレッツェル風
RECIPE ... p.82

**BRAIDED SAUSAGE**
編み込みソーセージ
RECIPE ... p.83

FLUFFY & CHEWY

BAGELS

# ふわもち
## ベーグル

強力粉をメインに薄力粉を10％加えることでやわらかい食感に。
薄力粉は30％まで加えることが可能だが、
それより多くなると、生地がやわらかくなり、成形しにくくなる。
やわらかい副材料との相性がよい。

# PLANE
## プレーン

**材料** 4個分

強力粉 —— 270g

薄力粉 —— 30g

イースト —— 2g

塩 —— 5g

きび砂糖（または砂糖）—— 15g

水 —— 160g

**作り方**

## [ ミキシング ]

**1** ボウルに塩、きび砂糖、水を入れ、泡立て器で混ぜながら溶かす**a**。

**2** イースト、強力粉、薄力粉を順に加え、ゴムベラで水気が見えなくなるまで混ぜる**b**。

**3** 台に取り出し、生地をまとめて表面がツルッとなるまで3〜5分捏ねる**c****d**。

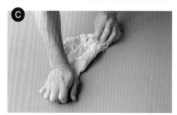

## [ 一次発酵 ]

**4** 生地をきれいに丸めてボウルに入れ、ラップをぴったりと被せる。室温に40〜50分置いて発酵させる**e**。

## [ 成形 ]

**5** 生地がひと回り程度大きくなった
ら、台に取り出してカードで4等
分に切る。

**6** ひとつを手で軽く押さえて平らに
し、麺棒で直径15cmに広げる。

**7** 奥から手前に巻き取り、巻き終
わりの生地を摘んで閉じる。

**8** 転がして20cmほどの長さにのば
す。

**9** 片方の端を2cmほど潰し、もう片
方の端に被せて繋ぎ合わせる。

**10** 12cm四方に切ったオーブンシート
にのせる。同様に残りの生地も成
形してオーブンシートにのせる。

## [ 二次発酵 ]

**11** 天板にのせ、ビニールシートを被せる。室温に40～50分、ひと回り程
度大きくなるまで置いて発酵させる。

## [ ケトリング＆焼成 ]

**12** オーブンを210℃に予熱する。

**13** 鍋かフライパンに1.5ℓの湯を沸かし、はちみつまたは砂糖大さじ½
（分量外）を加えて溶かす。鍋底からプツプツと小さな泡が浮いてくる程
度の温度（80～90℃）になったら、オーブンシートごとベーグルを入れ
て両面1分ずつ茹でる。はがれたオーブンシートは天板に並べ直す。

**14** 天板に並べたオーブンシートの上に茹でたベーグルを置き、温めた
オーブンで16～18分焼く。

# はちみつとオートミール

## 材料 4個分

強力粉 —— 210g
全粒粉 —— 60g
オートミール —— 45g
イースト —— 2g
塩 —— 5g
はちみつ —— 15g
水 —— 160g
オートミール（トッピング用）
　　—— 適量

## 作り方

### [ ミキシング ]

**1** ボウルに塩、はちみつ、水を入れ、泡立て器で混ぜながら溶かす。

**2** イースト、強力粉、全粒粉、オートミールを順に加え、ゴムベラで水気が見えなくなるまで混ぜる。

**3** 台に取り出し、生地をまとめて表面がツルッとなるまで3〜5分捏ねる。

### [ 一次発酵 ]

**4** 生地をきれいに丸めてボウルに入れる。ラップをぴったりと被せ、室温に40〜50分置いて発酵させる。

### [ 成形 ]

**5** 生地がひと回り程度大きくなったら、台に取り出してカードで4等分に切る。

**6** ひとつを手で軽く押さえて平らにし、麺棒で直径15cmに広げる。

**7** 奥から手前に巻き取り、巻き終わりの生地を摘んで閉じる。

**8** 転がして20cmほどの長さにのばす。

**9** 片方の端を2cmほど潰し、もう片方の端に被せて繋ぎ合わせる。

**10** 12cm四方に切ったオーブンシートにのせる。同様に残りの生地も成形してオーブンシートにのせる。

### [ 二次発酵 ]

**11** 天板にのせ、ビニールシートを被せる。室温に40〜50分、ひと回り程度大きくなるまで置いて発酵させる。

### [ ケトリング＆焼成 ]

**12** オーブンを210℃に予熱する。

**13** 鍋かフライパンに1.5ℓの湯を沸かし、はちみつまたは砂糖大さじ1/2（分量外）を加えて溶かす。鍋底からプツプツと小さな泡が浮いてくる程度の温度（80〜90℃）になったら、オーブンシートごとベーグルを入れて両面1分ずつ茹でる。はがれたオーブンシートは天板に並べ直す。

**14** 天板に並べたオーブンシートの上に茹でたベーグルを置く。オートミールを全体にふる。温めたオーブンで14〜16分焼く。

アールグレイとオレンジピール

材料 4個分

強力粉 —— 270g

薄力粉 —— 30g

アールグレイの茶葉（微粒粉）
—— 4g

イースト —— 2g

塩 —— 5g

きび砂糖（または砂糖）—— 15g

水 —— 165g

オレンジピール —— 25g

作り方

[ ミキシング ]

**1** ボウルに塩、きび砂糖、水、アールグレイの茶葉を入れ❶、泡立て器で混ぜながら溶かす。

**2** イースト、強力粉、薄力粉を順に加え、ゴムベラで水気が見えなくなるまで混ぜる。

**3** 台に取り出し、生地をまとめて表面がツルッとなるまで3～5分捏ねる。

**4** 生地の上にオレンジピールをのせ❶、手で押し込んで生地を引きちぎってはまとめを繰り返し❶❶、生地の中に均等に混ぜ込む❶。

[ 一次発酵 ]

**5** 生地をきれいに丸めてボウルに入れる。ラップをぴったりと被せ、室温に40～50分置いて発酵させる。

[ 成形 ]

**6** 生地がひと回り程度大きくなったら、台に取り出してカードで4等分に切る。

**7** ひとつを手で軽く押さえて平らにし、麺棒で直径15cmに広げる。

**8** 奥から手前に巻き取り、巻き終わりの生地を摘んで閉じる。

**9** 転がして20cmほどの長さにのばす。

**10** 片方の端を2cmほど潰し、もう片方の端に被せて繋ぎ合わせる。

**11** 12cm四方に切ったオーブンシートにのせる。同様に残りの生地も成形してオーブンシートにのせる。

[ 二次発酵 ]

**12** 天板にのせ、ビニールシートを被せる。室温に40～50分、ひと回り程度大きくなるまで置いて発酵させる。

[ ケトリング＆焼成 ]

**13** オーブンを180℃に予熱する。

**14** 鍋かフライパンに1.5ℓの湯を沸かし、はちみつまたは砂糖大さじ1/2（分量外）を加えて溶かす。鍋底からプツプツと小さな泡が浮いてくる程度の温度（80～90℃）になったら、オーブンシートごとベーグルを入れて両面1分ずつ茹でる。はがれたオーブンシートは天板に並べ直す。

**15** 天板に並べたオーブンシートの上に茹でたベーグルを置き、温めたオーブンで20～22分焼く。

# グリーンオリーブ、アンチョビ、タイム

## 材料　4個分

強力粉 —— 270g
薄力粉 —— 30g
タイム —— 2g
イースト —— 2g
塩 —— 4g
きび砂糖（または砂糖）—— 15g
水 —— 160g
グリーンオリーブ（種抜き）
　　—— 80g
アンチョビ —— 2枚（6g）

## 下準備

・タイムは枝から葉を摘む。
・グリーンオリーブは粗く刻む。
・アンチョビは1枚6等分に切る。

## 作り方

### [ ミキシング ]

**1** ボウルに塩、きび砂糖、水を入れ、泡立て器で混ぜながら溶かす。

**2** イースト、強力粉、薄力粉、タイムを順に加え、ゴムベラで水気が見えなくなるまで混ぜる。

**3** 台に取り出し、生地をまとめて表面がツルッとなるまで3〜5分捏ねる。

### [ 一次発酵 ]

**4** 生地をきれいに丸めてボウルに入れる。ラップをぴったりと被せ、室温に40〜50分置いて発酵させる。

### [ 成形 ]

**5** 生地がひと回り程度大きくなったら、台に取り出してカードで4等分に切る。

**6** ひとつを手で軽く押さえて平らにし、麺棒で直径15cmに広げる。

**7** 奥にグリーンオリーブとアンチョビ各¼量を置く❶。奥からひと巻きしたら両端を押さえて巻いていき❷❸、巻き終わりの生地を摘んで閉じる。

**8** 転がして20cmほどの長さにのばす。

**9** 片方の端を2cmほど潰し、もう片方の端に被せて繋ぎ合わせる。

**10** 12cm四方に切ったオーブンシートにのせる。同様に残りの生地も成形してオーブンシートにのせる。

### [ 二次発酵 ]

**11** 天板にのせ、ビニールシートを被せる。室温に40〜50分、ひと回り程度大きくなるまで置いて発酵させる。

### [ ケトリング＆焼成 ]

**12** オーブンを210℃に予熱する。

**13** 鍋かフライパンに1.5ℓの湯を沸かし、はちみつまたは砂糖大さじ½（分量外）を加えて溶かす。鍋底から小さなプツプツと泡が浮いてくる程度の温度（80〜90℃）になったら、オーブンシートごとベーグルを入れて両面1分ずつ茹でる。はがれたオーブンシートは天板に並べ直す。

**14** 天板に並べたオーブンシートの上に茹でたベーグルを置き、温めたオーブンで14〜16分焼く。

## よもぎ、あずき、きなこ

**材料** 4個分

強力粉 —— 270g

薄力粉 —— 30g

よもぎ粉 —— 8g

イースト —— 2g

塩 —— 5g

きび砂糖（または砂糖）—— 15g

水 —— 165g

あずきあん —— 80g

きなこ —— 適量

**作り方**

[ ミキシング ]

**1** ボウルに塩、きび砂糖、水を入れ、泡立て器で混ぜながら溶かす。

**2** イースト、強力粉、薄力粉、よもぎ粉 **ⓐ** を順に加え、ゴムベラで水気が見えなくなるまで混ぜる。

**3** 台に取り出し、生地をまとめて表面がツルッとなるまで3〜5分捏ねる。

[ 一次発酵 ]

**4** 生地をきれいに丸めてボウルに入れる。ラップをぴったりと被せ、室温に40〜50分置いて発酵させる。

[ 成形 ]

**5** 生地がひと回り程度大きくなったら、台に取り出してカードで4等分に切る。

**6** ひとつを手で軽く押さえて平らにし、麺棒で直径15㎝に広げる。

**7** 奥にあずきあん $\frac{1}{4}$ 量を塗り、奥から手前に巻き取り、巻き終わりの生地を摘んで閉じる。

**8** 転がして20㎝ほどの長さにのばす。

**9** 片方の端を2㎝ほど潰し、もう片方の端に被せて繋ぎ合わせる。

**10** 12㎝四方に切ったオーブンシートにのせる。同様に残りの生地も成形してオーブンシートにのせる。

[ 二次発酵 ]

**11** 天板にのせ、ビニールシートを被せる。室温に40〜50分、ひと回り程度大きくなるまで置いて発酵させる。

[ ケトリング＆焼成 ]

**12** オーブンを190℃に予熱する。

**13** 鍋かフライパンに1.5ℓの湯を沸かし、はちみつまたは砂糖大さじ $\frac{1}{2}$（分量外）を加えて溶かす。鍋底からプツプツと小さな泡が浮いてくる程度の温度（80〜90℃）になったら、オーブンシートごとベーグルを入れて両面1分ずつ茹でる。はがれたオーブンシートは天板に並べ直す。

**14** 天板に並べたオーブンシートの上に茹でたベーグルを置く。きなこを全体にふり、温めたオーブンで18〜20分焼く。

# 「粉で変わるベーグル」

## カメリヤ／スーパーカメリヤ

カナダ産とアメリカ産のブレンド強力粉。タンパク質を多く含み、ミネラル分が少ないので吸水がよく、ベタつかないので初心者にも一番扱いやすい粉です。引きがありつつも、しっとりとふんわりした食感のベーグルを作ることができます。スーパーでも手に入りやすい粉なので、初心者用の粉と思われがちですが、低温でゆっくり長時間かけて一次発酵させると、この粉本来の味わいが引き出されます。小麦の旨味と甘味のバランスもよく、張りがあってボリュームも出ます。

## テリア特号

国産の強力粉の中でも、ミネラル分が高めで、かめばかむほどに、小麦の旨味が出てきます。また国産小麦特有のでんぷん質による、もっちり感が強いので、旨味が詰まったもっちりベーグルになります。作る際は、レシピより水分量を5〜10g減らして作るのがおすすめです。

## キタノカオリ

国産小麦の中では、タンパク質含有量がとても多く、むっちりと引きの強いベーグルを作ることができます。独特の黄色味がかった粉は、香ばしさには欠けますが、強い旨味と甘味は国産の中では随一です。

ベーグルは、パンのレシピの中でも、水分量がとても少なく、そのため小麦の個性がはっきりと出る、いわば粉を食べるパン。ここではおすすめの強力粉とその個性を紹介。

## 春よ恋

国産小麦の中では、生地がしっとりと
なめらかで、口当たりがふわっとやわ
らかな食感になります。適度なもちも
ち感と小麦らしい香り、シンプルな味
わいで、おかずやペーストを挟んだサ
ンドイッチに向いています。作る際
は、レシピより水分量を5〜10g減ら
して作るのがおすすめです。

## ベルムーラン

アメリカ産とカナダ産のブレンド強
力粉。生地がしっとりともっちりし
て、小麦の香ばしい香りが特徴。ま
たしっかりボリュームが出て、焼き
上がります。ベーグル作りに慣れて、
こだわった強力粉に挑戦したいとき
は、扱いやすい上に、味のあるベー
グルが作れます。

## ゆきちから

国産小麦の中では、雑味がなく、甘
味とすっきりした後味が特徴。ハー
ド系のパンにもよく使われ、とても
香ばしく焼き上がります。焼き上が
りは、ボリュームは大きく出ません
が、副材料の香りやサンドイッチの
具材の味を邪魔をしないのが特徴。
毎日食べ飽きないベーグルを作りた
いときにおすすめです。

THICK & CHEWY

BAGELS

# もちもち

# ベーグル

一次発酵が短い分、発酵の風味をヨーグルトで補う。
また、生地の気泡が少ないので目が詰まっていて
もちもちしていながら、歯切れのよい食感が特徴。
本来のベーグルに一番近い、トラディショナルなかみ応えのあるベーグル。

# PLANE
## プレーン

**材料** 4個分

強力粉 —— 300g
イースト —— 1g(小さじ⅓)
塩 —— 5g
はちみつ(または砂糖) —— 10g
水 —— 155g
プレーンヨーグルト(または水)
—— 10g

**作り方**

## [ ミキシング ]

**1** ボウルに塩、はちみつ、水、プレーンヨーグルトを入れ、泡立て器で混ぜながら溶かす **a**。

**2** イースト、強力粉を順に加え、ゴムベラで水気が見えなくなるまで混ぜる。

**3** 台に取り出し、生地をまとめて表面がツルッとなるまで3〜5分捏ねる **b** **c** **d**。

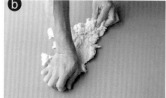

## [ 一次発酵 ]

**4** 生地をきれいに丸めてボウルを被せる。室温に20分ほど置いて発酵させる **e**。

## [ 成形 ]

**5** 生地がひと回り程度大きくなったら、台に取り出してカードで4等分に切る。

**6** ひとつを手で軽く押さえて平らにし、麺棒で直径15cmに広げる。

**7** 奥から手前に巻き取り**f**、巻き終わりの生地を摘んで閉じる**g**。

**8** 転がして22cmほどの長さにのばす**h**。

**9** 片方の端を2cmほど潰す**i**。潰した部分を押さえながら2回転ねじり**j**、もう片方の端に被せて繋ぎ合わせる**klm**。

**10** 12cm四方に切ったオーブンシートにのせる。同様に残りの生地も成形してオーブンシートにのせる。

## [ 二次発酵 ]

**11** 天板にのせ、ビニールシートを被せる。室温に40〜50分、ひと回り程度大きくなるまで置いて発酵させる。

## [ ケトリング＆焼成 ]

**12** オーブンを210℃に予熱する。

**13** 鍋かフライパンに1.5ℓの湯を沸かし、はちみつまたは砂糖大さじ$\frac{1}{2}$（分量外）を加えて溶かす。鍋底からプツプツと小さな泡が浮いてくる程度の温度（80〜90℃）になったら、オーブンシートごとベーグルを入れて両面1分ずつ茹でる。はがれたオーブンシートは取り**n**、天板に並べ直す。

**14** 天板に並べたオーブンシートの上に茹でたベーグルを置き**o**、温めたオーブンで14〜16分焼く。

# 抹茶、クランベリー、レモンピール

強力粉 —— 300g

抹茶 —— 10g

イースト —— 1g(小さじ⅓)

塩 —— 5g

グラニュー糖(または砂糖)
—— 10g

水 —— 165g

プレーンヨーグルト(または水)
—— 10g

ドライクランベリー —— 25g

レモンピール —— 15g

### 下準備

・ レモンピールは粗く刻む。

## 作り方

### [ ミキシング ]

**1** ボウルに塩、グラニュー糖、水、プレーンヨーグルトを入れ、泡立て器で混ぜながら溶かす。

**2** イースト、強力粉、抹茶を順に加え、ゴムベラで水気が見えなくなるまで混ぜる。

**3** 台に取り出し、生地をまとめて表面がツルッとなるまで3〜5分捏ねる。

**4** 生地の上にドライクランベリーとレモンピールをのせ、手で押し込んで生地を引きちぎってはまとめを繰り返し、生地の中に均等に混ぜ込む。

### [ 一次発酵 ]

**5** 生地をきれいに丸めてボウルを被せる。室温に20分ほど置いて発酵させる。

### [ 成形 ]

**6** 生地がひと回り程度大きくなったら、台に取り出してカードで4等分に切る。

**7** ひとつを手で軽く押さえて平らにし、麺棒で直径15cmに広げる。

**8** 奥から手前に巻き取り、巻き終わりの生地を摘んで閉じる。

**9** 転がして22cmほどの長さにのばす。

**10** 片方の端を2cmほど潰す。潰した部分を押さえながら2回転ねじり、もう片方の端に被せて繋ぎ合わせる。

**11** 12cm四方に切ったオーブンシートにのせる。同様に残りの生地も成形してオーブンシートにのせる。

### [ 二次発酵 ]

**12** 天板にのせ、ビニールシートを被せる。室温に40〜50分、ひと回り程度大きくなるまで置いて発酵させる。

### [ ケトリング＆焼成 ]

**13** オーブンを180℃に予熱する。

**14** 鍋かフライパンに1.5ℓの湯を沸かし、はちみつまたは砂糖大さじ½(分量外)を加えて溶かす。鍋底からプツプツと小さな泡が浮いてくる程度の温度(80〜90℃)になったら、オーブンシートごとベーグルを入れて両面1分ずつ茹でる。はがれたオーブンシートは天板に並べ直す。

**15** 天板に並べたオーブンシートの上に茹でたベーグルを置き、温めたオーブンで20〜22分焼く。

黒糖、コーヒー、チョコレートチップ

**材料** 4個分

強力粉 —— 300g

イースト —— 1g(小さじ⅓)

塩 —— 5g

黒糖(顆粒) —— 20g

インスタントコーヒー —— 2g

水 —— 155g

プレーンヨーグルト(または水)
—— 10g

チョコチップ —— 30g

**作り方**

[ ミキシング ]

**1** ボウルに塩、黒糖、インスタントコーヒー、水、プレーンヨーグルトを入れ、泡立て器で混ぜながら溶かす。

**2** イースト、強力粉を順に加え、ゴムベラで水気が見えなくなるまで混ぜる。

**3** 台に取り出し、生地をまとめて表面がツルッとなるまで3〜5分捏ねる。

**4** 生地の上にチョコチップをのせ、手で押し込んで生地を引きちぎってはまとめを繰り返し、生地の中に均等に混ぜ込む。

[ 一次発酵 ]

**5** 生地をきれいに丸めてボウルを被せる。室温に20分ほど置いて発酵させる。

[ 成形 ]

**6** 生地がひと回り程度大きくなったら、台に取り出してカードで4等分に切る。

**7** ひとつを手で軽く押さえて平らにし、麺棒で直径15cmに広げる。

**8** 奥から手前に巻き取り、巻き終わりの生地を摘んで閉じる。

**9** 転がして22cmほどの長さにのばす。

**10** 片方の端を2cmほど潰す。潰した部分を押さえながら2回転ねじり、もう片方の端に被せて繋ぎ合わせる。

**11** 12cm四方に切ったオーブンシートにのせる。同様に残りの生地も成形してオーブンシートにのせる。

[ 二次発酵 ]

**12** 天板にのせ、ビニールシートを被せる。室温に40〜50分、ひと回り程度大きくなるまで置いて発酵させる。

[ ケトリング&焼成 ]

**13** オーブンを200℃に予熱する。

**14** 鍋かフライパンに1.5ℓの湯を沸かし、はちみつまたは砂糖大さじ½(分量外)を加えて溶かす。鍋底からプツプツと小さな泡が浮いてくる程度の温度(80〜90℃)になったら、オーブンシートごとベーグルを入れて両面1分ずつ茹でる。はがれたオーブンシートは天板に並べ直す。

**15** 天板に並べたオーブンシートの上に茹でたベーグルを置き、温めたオーブンで16〜18分焼く。

# プロセスチーズとローズマリー

強力粉 —— 270g

全粒粉 —— 30g

ローズマリー —— 1枝

イースト —— 1g（小さじ⅓）

塩 —— 5g

はちみつ（または砂糖）—— 12g

水 —— 155g

プレーンヨーグルト（または水）
　　　—— 12g

プロセスチーズ —— 80g

粉チーズ —— 20g

## 下準備

・ ローズマリーは枝から葉を摘ん
で粗く刻み、半量は粉チーズと
混ぜて取り置く。

・ プロセスチーズは5mm角に切る。

## 作り方

### [ ミキシング ]

**1** ボウルに塩、はちみつ、水、プレーンヨーグルトを入れ、泡立て器
で混ぜながら溶かす。

**2** イースト、強力粉、全粒粉、ローズマリーを順に加え、ゴムベラで
水気が見えなくなるまで混ぜる。

**3** 台に取り出し、生地をまとめて表面がツルッとなるまで3〜5分
捏ねる。

### [ 一次発酵 ]

**4** 生地をきれいに丸めてボウルを被せる。室温に20分ほど置いて発
酵させる。

### [ 成形 ]

**5** 生地がひと回り程度大きくなったら、台に取り出してカードで4等
分に切る。

**6** ひとつを手で軽く押さえて平らにし、麺棒で直径15cmに広げる。

**7** 奥にプロセスチーズ¼量を置く。奥からひと巻きしたら両端を押
さえて巻いていき、巻き終わりの生地を摘んで閉じる。

**8** 転がして22cmほどの長さにのばす。

**9** 片方の端を2cmほど潰す。潰した部分を押さえながら2回転ねじ
り、もう片方の端に被せて繋ぎ合わせる。

**10** 12cm四方に切ったオーブンシートにのせる。同様に残りの生地も
成形してオーブンシートにのせる。

### [ 二次発酵 ]

**11** 天板にのせ、ビニールシートを被せる。室温に40〜50分、ひと回
り程度大きくなるまで置いて発酵させる。

### [ ケトリング＆焼成 ]

**12** オーブンを200℃に予熱する。

**13** 鍋かフライパンに1.5ℓの湯を沸かし、はちみつまたは砂糖大さ
じ½（分量外）を加えて溶かす。鍋底からプツプツと小さな泡が浮
いてくる程度の温度（80〜90℃）になったら、オーブンシートご
とベーグルを入れて両面1分ずつ茹でる。はがれたオーブンシー
トは天板に並べ直す。

**14** 天板に並べたオーブンシートの上に茹でたベーグルを置く。粉チ
ーズを混ぜたローズマリーを全体にふり、温めたオーブンで16〜
18分焼く。

**材料** 4個分

強力粉 —— 300g
炒りごま(黒) —— 30g
イースト —— 1g(小さじ⅓)
塩 —— 5g
はちみつ(または砂糖) —— 10g
水 —— 155g
プレーンヨーグルト(または水)
　　 —— 10g
ごまペースト
　練りごま(黒) —— 大さじ1
　砂糖 —— 大さじ1
　味噌 —— 小さじ1と½
炒りごま(白) —— 適量

**下準備**

・ごまペーストの材料を混ぜる。

**作り方**

**[ ミキシング ]**

**1** ボウルに塩、はちみつ、水、プレーンヨーグルトを入れ、泡立て器で混ぜながら溶かす。

**2** イースト、強力粉、炒りごま(黒)を順に加え、ゴムベラで水気が見えなくなるまで混ぜる。

**3** 台に取り出し、生地をまとめて表面がツルッとなるまで3～5分捏ねる。

**[ 一次発酵 ]**

**4** 生地をきれいに丸めてボウルを被せる。室温に20分ほど置いて発酵させる。

**[ 成形 ]**

**5** 生地がひと回り程度大きくなったら、台に取り出してカードで4等分に切る。

**6** ひとつを手で軽く押さえて平らにし、麺棒で直径15cmに広げる。

**7** 奥にごまペースト¼量を塗り、奥から手前に巻き取り、巻き終わりの生地を摘んで閉じる。

**8** 転がして22cmほどの長さにのばす。

**9** 片方の端を2cmほど潰す。潰した部分を押さえながら2回転ねじり、もう片方の端に被せて繋ぎ合わせる。

**10** 12cm四方に切ったオーブンシートにのせる。同様に残りの生地も成形してオーブンシートにのせる。

**[ 二次発酵 ]**

**11** 天板にのせ、ビニールシートを被せる。室温に40～50分、ひと回り程度大きくなるまで置いて発酵させる。

**[ ケトリング＆焼成 ]**

**12** オーブンを210℃に予熱する。ボウルに炒りごま(白)を入れる。

**13** 鍋かフライパンに1.5ℓの湯を沸かし、はちみつまたは砂糖大さじ½(分量外)を加えて溶かす。鍋底からプツプツと小さな泡が浮いてくる程度の温度(80～90℃)になったら、オーブンシートごとベーグルを入れて両面1分ずつ茹でる。はがれたオーブンシートは天板に並べ直す。

**14** 茹で上がったベーグルの表面を下にして炒りごま(白)の入ったボウルに入れ、ごまをたっぷりまぶす❺。天板に並べたオーブンシートの上にベーグルを置き、温めたオーブンで14～16分焼く。

# 「水分量で変わるベーグル」

捏ねて引き出すグルテンや、成形のねじり加減で変わる引きとは違い、
ベーグルの密度感は水分量に影響され、
歯切れ、もちもち感、かみ応えが変化する。
水分量を少なくすると、より密度が増し、ぎゅっとしたかみ応えに。
逆に水分量を増やすと、でんぷん質やグルテンも関わって、
やわらかく、もちもちした食感を感じられるようになる。
おすすめは強力粉に対して50〜58％の水分量。好みの密度を見つけて。

## 50％

発酵による大小の気泡が乱立せず、小さな均一の気泡になり、ふわふわした食感はまったくなくなります。ふわもちベーグルだと、発酵と生地の強さのバランスが取れず、リング状に成形してもケトリングの際に外れてしまうことがあります。もちもちベーグル、むっちりベーグルに合う水分量です。

## 52％

本書の一番おすすめの水分量。ベーグルらしい強いかみ応えがありつつ、発酵による熟成の弾力も味わえます。使う粉の旨味を引き出し、本書のどのベーグルのレシピにも合うオールマイティな水分量です。

## 54％

かみ応えのあるベーグル独特の食感にするには、やや水分量が多めです。ただ、でんぷん質によるもっちり感が表に出てくるので、かみ切りやすさや、もちもちした食感が好みの場合は、食べやすくなり、この水分量がおすすめです。

## 56％

かみ応えがかなり弱くなり、もちもち、ふんわりしたベーグルになります。焼き上がりもむっくりと生地が立ち上がらず、表面がパツンと張った浮き輪状になりません。抹茶パウダーや、ココアパウダー、かぼちゃペーストなどを入れて、優しい風味に仕上げたい低温焼きのベーグルに合います。水分量が多いので、成形を手際よく行わないと、生地が手や台にはりついてきやすくなります。

## 58％

かみ応えはほぼ通常のパンと同じ、ふわふわ食感に。56％の水分量と同様に成形の際に、生地が手や台にはりついて打ち粉が必要となってしまいます。むっちりベーグルの場合、発酵による熟成の味わいが強くなり、引きの強さや、かみ応えなど、ベーグルらしい密度感はほぼなくなります。

MOIST & CHEWY

BAGELS

# むっちり
## ベーグル

8〜10時間の低温による一次発酵で、粉に水分がしっかり浸透する。
十分な発酵で生地に気泡が生まれ、
むっちりとしながら、引きのある生地の食感に。
一次発酵と成形の間に分割＆ベンチタイムを挟むのも、このベーグルならでは。

# PLANE
## プレーン

| 材 料 | 4個分 |
| --- | --- |

強力粉 —— 300g

イースト —— 1g(小さじ1/3)

塩 —— 5g

はちみつ(または砂糖) —— 12g

水 —— 100g

無調整豆乳 —— 60g(または水55g)

| 作り方 |
| --- |

## [ ミキシング ]

1 ボウルに塩、はちみつ、水、無調整
豆乳を入れ、泡立て器で混ぜな
がら溶かす。

2 イースト、強力粉を順に加え、ゴ
ムベラで水気が見えなくなるまで
混ぜる。

3 台に取り出し、生地をまとめて表
面がツルッとなるまで3〜5分捏
ねる。

## [ 一次発酵 ]

4 生地をきれいに丸めてボウルに入れ、ラップをぴったりと被せる。室
温に15分ほど置いてから冷蔵庫の野菜室に入れて8〜10時間発酵さ
せる。

## [ 分割＆ベンチタイム ]

**5** 生地がひと回り程度大きくなったら、台に取り出してカードで4等分に切る**f**。

**6** ボウルを被せ、室温に30分ほど置く**g**。

## [ 成形 ]

**7** ひとつを手で軽く押さえて平らにし、麺棒で直径15cmに広げる。

**8** 奥から手前に巻き取り、巻き終わりの生地を摘んで閉じる**h**。

**9** 転がして25cmほどの長さにのばす。

**10** 片方の端を2cmほど潰す**i**。潰した部分を押さえながら3回転ねじり**j**、もう片方の端に被せて繋ぎ合わせる**k l**。

**11** 12cm四方に切ったオーブンシートにのせる。同様に残りの生地も成形してオーブンシートにのせる。

## [ 二次発酵 ]

**12** 天板にのせ、ビニールシートを被せる。室温に40〜50分、ひと回り程度大きくなるまで置いて発酵させる**m**。

## [ ケトリング＆焼成 ]

**13** オーブンを210℃に予熱する。

**14** 鍋かフライパンに1.5ℓの湯を沸かし、はちみつまたは砂糖大さじ1/2（分量外）を加えて溶かす。鍋底からプツプツと小さな泡が浮いてくる程度の温度（80〜90℃）になったら、オーブンシートごとベーグルを入れて両面1分ずつ茹でる。はがれたオーブンシートは天板に並べ直す。

**15** 天板に並べたオーブンシートの上に茹でたベーグルを置き**n**、温めたオーブンで14〜16分焼く。

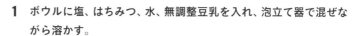

# シナモンとブルーベリー

強力粉 —— 270g
ライ麦粉（または強力粉）
　　—— 30g
シナモンパウダー —— 2g
イースト —— 1g（小さじ⅓）
塩 —— 5g
はちみつ（または砂糖）—— 12g
水 —— 100g
無調整豆乳
　　—— 60g（または水55g）
ドライブルーベリー —— 40g

**作り方**

## ［ ミキシング ］

**1** ボウルに塩、はちみつ、水、無調整豆乳を入れ、泡立て器で混ぜながら溶かす。

**2** イースト、強力粉、ライ麦粉、シナモンパウダーを順に加え、ゴムベラで水気が見えなくなるまで混ぜる。

**3** 台に取り出し、生地をまとめて表面がツルッとなるまで3〜5分捏ねる。

## ［ 一次発酵 ］

**4** 生地をきれいに丸めてボウルに入れ、ラップをぴったりと被せる。室温に15分ほど置いてから冷蔵庫の野菜室に入れて8〜10時間発酵させる。

## ［ 分割＆ベンチタイム ］

**5** 生地がひと回り程度大きくなったら、台に取り出してカードで4等分に切る。

**6** ボウルを被せ、室温に30分ほど置く。

## ［ 成形 ］

**7** ひとつを手で軽く押さえて平らにし、ドライブルーベリー⅛量をのせ、麺棒で直径18cmに広げる**ⓐ**。生地の角を中心に折りたたみ**ⓑ**、さらにドライブルーベリー⅛量をのせ**ⓒ**、麺棒で直径15cmに広げる**ⓓ**。

**8** 奥から手前に巻き取り**ⓔ**、巻き終わりの生地を摘んで閉じる。

**9** 転がして25cmほどの長さにのばす。

**10** 片方の端を2cmほど潰す。潰した部分を押さえながら3回転ねじり、もう片方の端に被せて繋ぎ合わせる。

**11** 12cm四方に切ったオーブンシートにのせる。同様に残りの生地も成形してオーブンシートにのせる。

## ［ 二次発酵 ］

**12** 天板にのせ、ビニールシートを被せる。室温に40〜50分、ひと回り程度大きくなるまで置いて発酵させる。

## ［ ケトリング＆焼成 ］

**13** オーブンを210℃に予熱する。

**14** 鍋かフライパンに1.5ℓの湯を沸かし、はちみつまたは砂糖大さじ½（分量外）を加えて溶かす。鍋底からプツプツと小さな泡が浮いてくる程度の温度（80〜90℃）になったら、オーブンシートごとベーグルを入れて両面1分ずつ茹でる。はがれたオーブンシートは天板に並べ直す。

**15** 天板に並べたオーブンシートの上に茹でたベーグルを置き、温めたオーブンで16〜18分焼く。

**材料** 4個分

強力粉 —— 240g
全粒粉 —— 60g
カルダモンパウダー（あれば）
—— 1g
イースト —— 1g（小さじ⅓）
塩 —— 5g
はちみつ（または砂糖）—— 12g
水 —— 100g
無調整豆乳
—— 50g（または水45g）
ドライいちじく —— 40g
くるみ —— 20g

**下準備**

・ドライいちじくとくるみは1cm
角に切る。

**作り方**

**[ ミキシング ]**

**1** ボウルに塩、はちみつ、水、無調整豆乳を入れ、泡立て器で混ぜながら溶かす。

**2** イースト、強力粉、全粒粉、カルダモンパウダーを順に加え、ゴムベラで水気が見えなくなるまで混ぜる。

**3** 台に取り出し、生地をまとめて表面がツルッとなるまで3〜5分捏ねる。

**[ 一次発酵 ]**

**4** 生地をきれいに丸めてボウルに入れ、ラップをぴったりと被せる。室温に15分ほど置いてから冷蔵庫の野菜室に入れて8〜10時間発酵させる。

**[ 分割＆ベンチタイム ]**

**5** 生地がひと回り程度大きくなったら、台に取り出してカードで4等分に切る。

**6** ボウルを被せ、室温に30分ほど置く。

**[ 成形 ]**

**7** ひとつを手で軽く押さえて平らにし、ドライいちじくとくるみ各⅛量をのせ、麺棒で直径18cmに広げる。生地の角を中心に折りたたみ、さらにドライいちじくとくるみ各⅛量をのせ、麺棒で直径15cmに広げる。

**8** 奥から手前に巻き取り、巻き終わりの生地を摘んで閉じる。

**9** 転がして25cmほどの長さにのばす。

**10** 片方の端を2cmほど潰す。潰した部分を押さえながら3回転ねじり、もう片方の端に被せて繋ぎ合わせる。

**11** 12cm四方に切ったオーブンシートにのせる。同様に残りの生地も成形してオーブンシートにのせる。

**[ 二次発酵 ]**

**12** 天板にのせ、ビニールシートを被せる。室温に40〜50分、ひと回り程度大きくなるまで置いて発酵させる。

**[ ケトリング＆焼成 ]**

**13** オーブンを210℃に予熱する。

**14** 鍋かフライパンに1.5ℓの湯を沸かし、はちみつまたは砂糖大さじ½（分量外）を加えて溶かす。鍋底からプツプツと小さな泡が浮いてくる程度の温度（80〜90℃）になったら、オーブンシートごとベーグルを入れて両面1分ずつ茹でる。はがれたオーブンシートは天板に並べ直す。

**15** 天板に並べたオーブンシートの上に茹でたベーグルを置き、温めたオーブンで16〜18分焼く。

# ガーリック、オニオン、トマト

## 材料 4個分

強力粉 —— 300g

ガーリックパウダー —— 1g

イースト
　　　 —— 1g(小さじ⅓)

塩 —— 5g

はちみつ(または砂糖)
　　　 —— 12g

水 —— 100g

トマトペースト —— 15g

無調整豆乳
　　　 —— 50g(または水55g)

フライドオニオン —— 30g

ドライトマト —— 25g

スライスチーズ —— 4枚

フライドオニオン
　(トッピング用) —— 適量

## 下準備

・ ドライトマトは1cm角に切る。

## 作り方

### [ ミキシング ]

1 ボウルに塩、はちみつ、水、トマトペースト、無調整豆乳を入れ、泡立て器で混ぜながら溶かす。

2 イースト、強力粉、ガーリックパウダーを順に加え、ゴムベラで水気が見えなくなるまで混ぜる。

3 台に取り出し、生地をまとめて表面がツルッとなるまで3〜5分捏ねる。

### [ 一次発酵 ]

4 生地をきれいに丸めてボウルに入れ、ラップをぴったりと被せる。室温に15分ほど置いてから冷蔵庫の野菜室に入れて8〜10時間発酵させる。

### [ 分割＆ベンチタイム ]

5 生地がひと回り程度大きくなったら、台に取り出してカードで4等分に切る。

6 ボウルを被せ、室温に30分ほど置く。

### [ 成形 ]

7 ひとつを手で軽く押さえて平らにし、フライドオニオンとドライトマト各⅛量をのせ、麺棒で直径18cmに広げる。生地の角を中心に折りたたみ、さらにフライドオニオンとトライトマト各⅛量をのせ、麺棒で直径15cmに広げる。

8 奥から手前に巻き取り、巻き終わりの生地を摘んで閉じる。

9 転がして25cmほどの長さにのばす。

10 片方の端を2cmほど潰す。潰した部分を押さえながら3回転ねじり、もう片方の端に被せて繋ぎ合わせる。

11 12cm四方に切ったオーブンシートにのせる。同様に残りの生地も成形してオーブンシートにのせる。

### [ 二次発酵 ]

12 天板にのせ、ビニールシートを被せる。室温に40〜50分、ひと回り程度大きくなるまで置いて発酵させる。

### [ ケトリング＆焼成 ]

13 オーブンを210℃に予熱する。

14 鍋かフライパンに1.5ℓの湯を沸かし、はちみつまたは砂糖大さじ½(分量外)を加えて溶かす。鍋底からプツプツと小さな泡が浮いてくる程度の温度(80〜90℃)になったら、オーブンシートごとベーグルを入れて両面1分ずつ茹でる。はがれたオーブンシートは天板に並べ直す。

15 天板に並べたオーブンシートの上に茹でたベーグルを置き、温めたオーブンで16〜18分焼く。

16 オーブンから取り出し、焼き上がった熱々のベーグルにスライスチーズを1枚ずつのせ❶、フライドオニオンを全体にふる❷。

# かぼちゃと豆乳

**材料** 4個分

強力粉 —— 250g

ナツメグパウダー（あれば）
—— 1g

かぼちゃペースト —— 70g

イースト —— 1g（小さじ 1/3）

塩 —— 5g

はちみつ（または砂糖）—— 12g

水 —— 30g

無調整豆乳
—— 110g（または水105g）

**下準備**

・かぼちゃはペーストは、かぼちゃの皮をむいて種とワタを取り、蒸してペースト状に潰す。

**作り方**

## ［ ミキシング ］

1 ボウルに塩、はちみつ、水、無調整豆乳を入れ、泡立て器で混ぜながら溶かす。

2 イースト、強力粉、ナツメグパウダー、かぼちゃペーストを順に加え、ゴムベラで水気が見えなくなるまで混ぜる。

3 台に取り出し、生地をまとめて表面がツルッとなるまで3～5分捏ねる。

## ［ 一次発酵 ］

4 生地をきれいに丸めてボウルに入れ、ラップをぴったりと被せる。室温に15分ほど置いてから冷蔵庫の野菜室に入れて8～10時間発酵させる。

## ［ 分割＆ベンチタイム ］

5 生地がひと回り程度大きくなったら、台に取り出してカードで4等分に切る。

6 ボウルを被せ、室温に30分ほど置く。

## ［ 成形 ］

7 ひとつを手で軽く押さえて平らにし、麺棒で直径15cmに広げる。

8 奥から手前に巻き取り、巻き終わりの生地を摘んで閉じる。

9 転がして25cmほどの長さにのばす。

10 片方の端を2cmほど潰す。潰した部分を押さえながら3回転ねじり、もう片方の端に被せて繋ぎ合わせる。

11 12cm四方に切ったオーブンシートにのせる。同様に残りの生地も成形してオーブンシートにのせる。

## ［ 二次発酵 ］

12 天板にのせ、ビニールシートを被せる。室温に40～50分、ひと回り程度大きくなるまで置いて発酵させる。

## ［ ケトリング＆焼成 ］

13 オーブンを190℃に予熱する。

14 鍋かフライパンに1.5ℓの湯を沸かし、はちみつまたは砂糖大さじ 1/2（分量外）を加えて溶かす。鍋底からプツプツと小さな泡が浮いてくる程度の温度（80～90℃）になったら、オーブンシートごとベーグルを入れて両面1分ずつ茹でる。はがれたオーブンシートは天板に並べ直す。

15 天板に並べたオーブンシートの上に茹でたベーグルを置き、温めたオーブンで18～20分焼く。

# 「焼成の温度と時間で変わるベーグル」

焼成の温度と時間によって、焼き上がりの色やツヤ、
香ばしさ、生地の食感などが変わるベーグル。
焦げやすい、香りを残したい材料を入れた際には注意が必要。

## 180℃／20〜22分

生地に混ぜたココアパウダーや抹茶
パウダー、紅茶の茶葉など、色味や風
味を邪魔したくない場合の焼成の温
度と時間です。表面と生地がほぼ同
じ食感で、かみ切りやすくなります。
焼き色があまりつかないので、ケト
リング後のベーグルは水気をよくき
ってから焼かないと、部分的に生地
が生焼けになってしまうことがある
ので注意してください。また表面の
ツヤがあまり出ないのも特徴です。

## 190℃／18〜20分

ほどよい焼き色がつくため、香ばし
さがベーグルにつきますが、食感が
やわらかい生地になります。甘さの
強いドライフルーツ、柑橘系のピー
ルなど、焦げやすい副材料を生地に
加えて焼きたい場合に。表面のツヤ
は180℃と同様にあまり出ません。

## 200℃／16〜18分

焼き色がつき、ツヤも出る焼成の温度と時間です。210℃で焼成したものと比べると、膨らみや張りがややおとなしくなります。オーブン庫内の狭い家庭用オーブン、火力の強いオーブンで焼成する場合でも、焼きムラが出にくく、焦げにくいので、この温度と時間が一番おすすめです。

## 210℃／14〜16分

本書の副材料の入らないプレーン、またはシンプルなベーグルは、この温度と時間がおすすめです。オーブン庫内の熱量が強いので、むっくりと生地が立ち上がり、張りとボリュームが出ます。またケトリングの際の水分が一気に飛んでいくため、ツヤが出てくるのも特徴。オーブン庫内の狭い家庭用オーブンは、焦げつきやすいので様子を見ながら焼成してください。

## 220℃／12〜14分

強い熱量で、むっくりと生地が立ち上がり、張りが出て、ツヤのあるベーグルになります。ただ、水分量が多めのベーグルの場合、冷め始めたときにシワが寄ってくることがあります。大きなオーブンで焼くと、パリッとした表面と、もちもちとした生地のベーグルに焼き上げることができます。ただ、焼きムラがかなり出ることがあるので、注意が必要です。

# DIFFERENT TYPES of BAGELS

# いろんな
# ベーグル

基本の3つのベーグルを軸に、表皮をカリッと仕上げるクリスピーなベーグル。
2種の生地で作るマーブルや、
具材を包んだおやき風、生地を編み込んだベーグル。
ケトリングにベーキングソーダを使い、
香ばしい焼き色のプレッツェル風など、
ベーグルらしい食感を残しながら、楽しめるアレンジを紹介。

# クリスピー - プレーン

**材料** 4個分

強力粉 —— 240g
薄力粉 —— 60g
イースト —— 2g
塩 —— 5g
はちみつ（または砂糖）—— 12g
水 —— 140g
プレーンヨーグルト（または水）
　　　—— 15g

**作り方**

## [ ミキシング ]

**1** ボウルに塩、はちみつ、水、プレーンヨーグルトを入れ、泡立て器で混ぜながら溶かす。

**2** イースト、強力粉、薄力粉を順に加え、ゴムベラで水気が見えなくなるまで混ぜる。

**3** 台に取り出し、生地をまとめて表面がツルッとなるまで3～5分捏ねる。

## [ 一次発酵 ]

**4** 生地をきれいに丸めてボウルに入れ、ラップをぴったりと被せる。室温に1時間置いて発酵させる。

## [ 成形 ]

**5** 生地がひと回り程度大きくなったら、台に取り出してカードで4等分に切る。

**6** ひとつを手で軽く押さえて平らにし、麺棒で直径15cmに広げる。

**7** 奥から手前に巻き取り、巻き終わりの生地を摘んで閉じる。

**8** 転がして20cmほどの長さにのばす。

**9** 片方の端を2cmほど潰す。潰した部分を押さえながら2回転ねじり、もう片方の端に被せて繋ぎ合わせる。

**10** 12cm四方に切ったオーブンシートにのせる。同様に残りの生地も成形してオーブンシートにのせる。

## [ 二次発酵 ]

**11** 天板にのせ、ビニールシートを被せる。室温に50分～1時間、ふた回り程度大きくなるまで置いて発酵させる。

## [ ケトリング＆焼成 ]

**12** オーブンを210℃に予熱する。

**13** 鍋かフライパンに1.5ℓの湯を沸かし、はちみつまたは砂糖大さじ$\frac{1}{2}$（分量外）を加えて溶かす。鍋底からプツプツと小さな泡が浮いてくる程度の温度（80～90℃）になったら、オーブンシートごとベーグルを入れて両面1分ずつ茹でる。はがれたオーブンシートは天板に並べ直す。

**14** 天板に並べたオーブンシートの上に茹でたベーグルを置き、温めたオーブンで14～16分焼く。

クリスピー - 柚子、山椒、白味噌

## 材料　4個分

強力粉 —— 240g
薄力粉 —— 60g
粉山椒 —— 1g
イースト —— 2g
塩 —— 5g
はちみつ（または砂糖）—— 12g
水 —— 140g
プレーンヨーグルト（または水）
　　　　 —— 15g
柚子味噌ペースト
　柚子ピール —— 30g
　白味噌 —— 30g
　カッテージチーズ —— 80g
粉山椒（トッピング用）
　　 —— 適量

## 下準備

・ 柚子ピールは粗みじん切りにし、残りの柚子味噌ペーストの材料と混ぜる。

## 作り方

### [ ミキシング ]

**1** ボウルに塩、はちみつ、水、プレーンヨーグルトを入れ、泡立て器で混ぜながら溶かす。

**2** イースト、強力粉、薄力粉、粉山椒を順に加え、ゴムベラで水気が見えなくなるまで混ぜる。

**3** 台に取り出し、生地をまとめて表面がツルッとなるまで3〜5分捏ねる。

### [ 一次発酵 ]

**4** 生地をきれいに丸めてボウルに入れ、ラップをぴったりと被せる。室温に1時間置いて発酵させる。

### [ 成形 ]

**5** 生地がひと回り程度大きくなったら、台に取り出してカードで4等分に切る。

**6** ひとつを手で軽く押さえて平らにし、麺棒で直径15cmに広げる。

**7** 奥に柚子味噌ペースト$\frac{1}{4}$量を塗り、奥から手前に巻き取り、巻き終わりの生地を摘んで閉じる。

**8** 転がして20cmほどの長さにのばす。

**9** 片方の端を2cmほど潰す。潰した部分を押さえながら2回転ねじり、もう片方の端に被せて繋ぎ合わせる。

**10** 12cm四方に切ったオーブンシートにのせる。同様に残りの生地も成形してオーブンシートにのせる。

### [ 二次発酵 ]

**11** 天板にのせ、ビニールシートを被せる。室温に50分〜1時間、ふた回り程度大きくなるまで置いて発酵させる。

### [ ケトリング＆焼成 ]

**12** オーブンを210℃に予熱する。

**13** 鍋かフライパンに1.5ℓの湯を沸かし、はちみつまたは砂糖大さじ$\frac{1}{2}$（分量外）を加えて溶かす。鍋底からプツプツと小さな泡が浮いてくる程度の温度（80〜90℃）になったら、オーブンシートごとベーグルを入れて両面1分ずつ茹でる。はがれたオーブンシートは天板に並べ直す。

**14** 天板に並べたオーブンシートの上に茹でたベーグルを置き、粉山椒を全体にふり、温めたオーブンで14〜16分焼く。

## 0回転

棒状に成形した生地をねじらず、両端を繋ぎ合わせるベーグル。発酵そのままの弾力とやわらかさのベーグルに焼き上がります。ただ、引きが生まれず、ベーグルらしい弾力はあっても、とてもかみ切りやすくなります。優しい食感のベーグルなので、甘い副材料を入れる生地、またはたくさん具材を挟むサンドイッチに向いています。

# 「ねじり回数で変わるベーグル」

粉に対して少ない水分量で捏ねるベーグルは、それだけで、もちもち、むちむちと密度が高く、かみ応えも生まれる。
さらにねじってリングにすることで、引きと弾力が増すベーグルになる。

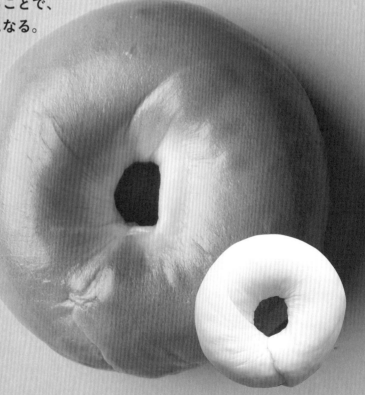

## 1回転

棒状に成形した生地を1回転ねじって、両端を繋ぎ合わせるベーグル。適度な張りがあり、冷めてもその張りを保ちやすいのが特徴です。副材料が入る場合や、水分量が少ない場合は成形しづらいので、1回転までのねじりにするのがおすすめです。水分量が多い生地であっても、ベーグルらしい強い食感に仕上がります。

## 2回転

棒状に成形した生地を2回転ねじっ
て、両端を繋ぎ合わせるベーグル。
適度な張りと、冷めてもその張りを
保ちやすいのが特徴です。表面がか
たく、クリスピーな食感に。ただ高
温や、長めの焼成では、乾燥し過ぎ
て、かたいベーグルになってしまう
ので、190〜210℃（p.68〜69参照）
で焼成してください。また、タンパ
ク質含有量が高めの粉（12％〜）や、
少ない水分量（50％）で作る場合は、
成形〜焼成の過程でリングがほどけ
てしまうことがあるので注意してく
ださい。プレーンな生地、ココアパ
ウダーや抹茶パウダーなどの副材料
を入れたり、クリスピーでかみ応え
のあるベーグルにしたいときや、多
い水分量で作る際におすすめです。

## 3回転

棒状に成形した生地を3回転ねじっ
て、両端を繋ぎ合わせるベーグル。と
ても強い引きができ、成形〜二次発
酵の過程も、ほぼ生地は膨らみませ
ん。生地が突っ張った状態で焼成さ
れるので、リングの中心の穴は大き
くなります。またクラストがパツン
と張った状態でクリスピーに焼き上
がり、冷めてもその張りを保ちやす
いのが特徴。成形の際は22〜25cmの
長めの棒状にしてから繋ぎ合わせる
のがポイントです。ベーグルにかた
さが強く出るので、ふわもちベーグ
ルや、むっちりベーグルなど、発酵時
間の長いベーグルに向いています。

# マーブル‐ココアと練乳

材 料　4個分

強力粉 —— 300g

イースト —— 1g（小さじ⅓）

塩 —— 5g

練乳 —— 20g

水 —— 155g

プレーンヨーグルト（または水）—— 10g

ココアペースト
 ┃ ココアパウダー —— 5g
 ┃ 水 —— 5g

下準備

・ ココアペーストの材料を混ぜる。

作り方

[ ミキシング ]

**1** ボウルに塩、練乳、水、プレーンヨーグルトを入れ、泡立て器で混ぜながら溶かす。

**2** イースト、強力粉を順に加え、ゴムベラで水気が見えなくなるまで混ぜる。

**3** 台に取り出し、生地にまとめて表面がツルッとなるまで3～5分捏ねる。

**4** 生地を2等分にし、一方の生地にはココアペーストをのせ**a**、手で押し込んで生地を引きちぎってはまとめを繰り返し**b c**、均等に混ぜ込んで丸める**d**。

[ 一次発酵 ]

**5** ココアの生地とプレーンの生地はそれぞれきれいに丸める。ボウルを被せ、室温に20分ほど置いて発酵させる。

## [ 成形 ]

**6** 生地がひと回り程度大きくなったら、台に取り出してそれぞれの生地をカードで4等分に切る**e**。

**7** プレーンとココアの生地ひとつずつをそれぞれ10cm長さの棒状にする**f**。

**8** **7**の生地をくの字で組み合わせ**g**、麺棒で直径15cmに広げる**h**。

**9** 奥から手前に巻き取り、巻き終わりの生地を摘んで閉じる**i**。

**10** 転がして22cmほどの長さにのばす。

**11** 片方の端を2cmほど潰す。潰した部分を押さえながら2回転ねじり**j**、もう片方の端に被せて繋ぎ合わせる。

**12** 12cm四方に切ったオーブンシートにのせる。同様に残りの生地も成形してオーブンシートにのせる。

## [ 二次発酵 ]

**13** 天板にのせ、ビニールシートを被せる。室温に40〜50分、ひと回り程度大きくなるまで置いて発酵させる。

## [ ケトリング＆焼成 ]

**14** オーブンを190℃に予熱する。

**15** 鍋かフライパンに1.5ℓの湯を沸かし、はちみつまたは砂糖大さじ$\frac{1}{2}$（分量外）を加えて溶かす。鍋底からプツプツと小さな泡が浮いてくる程度の温度（80〜90℃）になったら、オーブンシートごとベーグルを入れて両面1分ずつ茹でる。はがれたオーブンシートは天板に並べ直す。

**16** 天板に並べたオーブンシートの上に茹でたベーグルを置き、温めたオーブンで18〜20分焼く。

# マーブル - イカスミとパプリカ

**材料** 4個分

強力粉 —— 300g
パプリカパウダー —— 5g
チリパウダー —— 2g
イースト —— 1g（小さじ⅓）
塩 —— 5g
はちみつ（または砂糖）
　—— 12g
水 —— 155g
プレーンヨーグルト（または水）
　—— 10g
イカスミペースト —— 3g
ピザ用チーズ —— 30g

**作り方**

[ ミキシング ]

1 ボウルに塩、はちみつ、水、プレーンヨーグルトを入れ、泡立て器で混ぜながら溶かす。

2 イースト、強力粉、パプリカパウダー、チリパウダーを順に加え、ゴムベラで水気が見えなくなるまで混ぜる。

3 台に取り出し、生地をまとめて表面がツルッとなるまで3〜5分捏ねる。

4 生地を2等分にし、一方の生地にはイカスミペーストをのせ、手で押し込んで生地を引きちぎってはまとめを繰り返し、均等に混ぜ込んで丸める。

[ 一次発酵 ]

5 イカスミの生地とパプリカのみの生地をそれぞれきれいに丸める。ボウルを被せ、室温に20分ほど置いて発酵させる。

[ 成形 ]

6 生地がひと回り程度大きくなったら、台に取り出してそれぞれの生地をカードで4等分に切る。

7 パプリカとイカスミの生地ひとつずつをそれぞれ10cm長さの棒状にする。

8 7の生地をくの字で組み合わせ、麺棒で直径15cmに広げる。

9 奥から手前に巻き取り、巻き終わりの生地を摘んで閉じる。

10 転がして22cmほどの長さにのばす。

11 片方の端を2cmほど潰す。潰した部分を押さえながら2回転ねじり、もう片方の端に被せて繋ぎ合わせる。

12 12cm四方に切ったオーブンシートにのせる。同様に残りの生地も成形してオーブンシートにのせる。

[ 二次発酵 ]

13 天板にのせ、ビニールシートを被せる。室温に40〜50分、ひと回り程度大きくなるまで置いて発酵させる。

[ ケトリング＆焼成 ]

14 オーブンを190℃に予熱する。

15 鍋かフライパンに1.5ℓの湯を沸かし、はちみつまたは砂糖大さじ½（分量外）を加えて溶かす。鍋底からプツプツと小さな泡が浮いてくる程度の温度（80〜90℃）になったら、オーブンシートごとベーグルを入れて両面1分ずつ茹でる。はがれたオーブンシートは天板に並べ直す。

16 天板に並べたオーブンシートの上に茹でたベーグルを置く。ピザ用シーズを全体にふり、温めたオーブンで18〜20分焼く。

## おやき - 野沢菜と青じそ

**材料** 4個分

強力粉 —— 270g
薄力粉 —— 30g
炒りごま（白）—— 5g
イースト —— 2g
塩 —— 5g
きび砂糖（または砂糖）—— 15g
水 —— 160g
野沢菜 —— 160g
青じそ —— 4枚

**下準備**

・野沢菜は汁気をよく絞り、小口切りにする。

**作り方**

### [ ミキシング ]

**1** ボウルに塩、きび砂糖、水を入れ、泡立て器で混ぜながら溶かす。

**2** イースト、強力粉、薄力粉、炒りごまを順に加え、ゴムベラで水気が見えなくなるまで混ぜる。

**3** 台に取り出し、生地をまとめて表面がツルッとなるまで3〜5分捏ねる。

### [ 一次発酵 ]

**4** 生地をきれいに丸めてボウルに入れ、ラップをぴったりと被せる。室温に40分ほど置いて発酵させる。

### [ 成形 ]

**5** 生地がひと回り程度大きくなったら、台に取り出してカードで4等分に切る。

**6** ひとつを手で軽く押さえて平らにして野沢菜¼量を包みⓐⓑ、生地の端を摘んで閉じる。

**7** 軽く丸め、手で押さえて平らにする。同様に残りの生地も野沢菜を包んで成形してオーブンシートにのせる。

### [ 二次発酵 ]

**8** 天板にのせ、ビニールシートを被せる。室温に40〜50分、ひと回り程度大きくなるまで置いて発酵させる。

### [ ケトリング＆焼成 ]

**9** オーブンを190℃に予熱する。

**10** 鍋かフライパンに1.5ℓの湯を沸かし、はちみつまたは砂糖大さじ½（分量外）を加えて溶かす。鍋底からプツプツと小さな泡が浮いてくる程度の温度（80〜90℃）になったら、オーブンシートごとベーグルを入れて両面1分ずつ茹でる。はがれたオーブンシートは天板に並べ直す。

**11** 天板に並べたオーブンシートの上に茹でたベーグルを置く。ベーグルの上に青じそを1枚ずつのせる。その上にオーブンシート、天板を順に重ねⓒⓓ、温めたオーブンで20〜22分焼く。

おやき – 焼きいも、メープルシロップ、くるみ

## 材料　4個分

強力粉 —— 270g

薄力粉 —— 30g

イースト —— 2g

塩 —— 5g

メープルシロップ —— 25g

水 —— 155g

焼きいも（皮ごと）—— 200g

くるみ —— 4粒

パールシュガー —— 30g

## 下準備

・焼き芋は皮ごと4等分に切る。

## 作り方

### [ ミキシング ]

**1** ボウルに塩、メープルシロップ、水を入れ、泡立て器で混ぜながら溶かす。

**2** イースト、強力粉、薄力粉を順に加え、ゴムベラで水気が見えなくなるまで混ぜる。

**3** 台に取り出し、生地をまとめて表面がツルッとなるまで3～5分捏ねる。

### [ 一次発酵 ]

**4** 生地をきれいに丸めてボウルに入れ、ラップをぴったりと被せる。室温に40分ほど置いて発酵させる。

### [ 成形 ]

**5** 生地がひと回り程度大きくなったら、台に取り出してカードで4等分に切る。

**6** ひとつを手で軽く押さえて平らにして切った焼きいも1個を包み、生地の端を摘んで閉じる。

**7** 軽く丸め、手で押さえて平らにする。同様に残りの生地も焼きいもを包んで成形してオーブンシートにのせる。

### [ 二次発酵 ]

**8** 天板にのせ、ビニールシートを被せる。室温に40～50分、ひと回り程度大きくなるまで置いて発酵させる。

### [ ケトリング＆焼成 ]

**9** オーブンを190℃に予熱する。

**10** 鍋かフライパンに1.5ℓの湯を沸かし、はちみつまたは砂糖大さじ1/2（分量外）を加えて溶かす。鍋底からプツプツと小さな泡が浮いてくる程度の温度（80～90℃）になったら、オーブンシートごとベーグルを入れて両面1分ずつ茹でる。はがれたオーブンシートは天板に並べ直す。

**11** 天板に並べたオーブンシートの上に茹でたベーグルを置く。ベーグルの上にくるみを1粒ずつのせ、パールシュガーを1/4量ずつ散らす。その上にオーブンシート、天板を順に重ね、温めたオーブンで20～22分焼く。

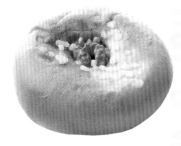

# プレッツェル風

## 材料　4個分

強力粉 —— 210g

薄力粉 —— 90g

イースト —— 1g（小さじ⅓）

塩 —— 5g

はちみつ（または砂糖）—— 12g

水 —— 150g

ベーキングソーダ —— 30g

フレークソルト —— 適量

## 作り方

### [ ミキシング ]

**1** ボウルに塩、はちみつ、水を入れ、泡立て器で混ぜながら溶かす。

**2** イースト、強力粉、薄力粉を順に加え、ゴムベラで水気が見えなくなるまで混ぜる。

**3** 台に取り出し、生地をまとめて表面がツルッとなるまで3〜5分捏ねる。

### [ 一次発酵 ]

**4** 生地をきれいに丸めてボウルに入れ、ラップをぴったりと被せる。室温に15分ほど置いてから冷蔵庫の野菜室に入れて8〜10時間発酵させる。

### [ 分割＆ベンチタイム ]

**5** 生地がひと回り程度大きくなったら、台に取り出してカードで4等分に切る。

**6** ボウルを被せ、室温に30分ほど置く。

### [ 成形 ]

**7** ひとつを手で軽く押さえて平らにし、麺棒で直径15cmに広げる。

**8** 奥から手前に巻き取り、巻き終わりの生地を摘んで閉じる。

**9** 転がして28cmほどの長さにのばす。

**10** 片方の端を2cmほど潰す。潰した部分を押さえながら3回転ねじり、もう片方の端に被せて繋ぎ合わせる。

**11** 12cm四方に切ったオーブンシートにのせる。同様に残りの生地も成形してオーブンシートにのせる。

### [ 二次発酵 ]

**12** 天板にのせ、ビニールシートを被せる。室温に50分〜1時間、ひと回り程度大きくなるまで置いて発酵させる。

### [ ケトリング＆焼成 ]

**13** オーブンを210℃に予熱する。

**14** 鍋かフライパンに1.5ℓの湯を沸かし、ベーキングソーダ◎を加えて溶かす。鍋底からプツプツと小さな泡が浮いてくる程度の温度（80〜90℃）になったら、オーブンシートごとベーグルを入れて両面1分ずつ茹でる。はがれたオーブンシートは天板に並べ直す。ベーキングソーダを使うことで、プレッツェルらしいもちもちした食感と濃い焼き色がつく。

**15** 天板に並べたオーブンシートの上に茹でたベーグルを置く。フレークソルトを全体にふり、温めたオーブンで12〜15分焼く。

編み込みソーセージ

## 材料　4個分

強力粉 —— 190g
ライ麦粉 —— 50g
イースト —— 1g（小さじ1/3）
塩 —— 4g
はちみつ（または砂糖） —— 10g
水 —— 120g
プレーンヨーグルト（または水
　　　　—— 10g
ソーセージ —— 8本
粗挽き黒胡椒 —— 適量

## 作り方

### [ ミキシング ]

1　ボウルに塩、はちみつ、水、プレーンヨーグルトを入れ、泡立て器で混ぜながら溶かす。

2　イースト、強力粉、ライ麦粉を順に加え、ゴムベラで水気が見えなくなるまで混ぜる。

3　台に取り出し、生地をまとめて表面がツルッとなるまで3〜5分捏ねる。

### [ 一次発酵 ]

4　生地をきれいに丸めてボウルを被せる。室温に20分ほど置いて発酵させる。

### [ 成形 ]

5　生地がひと回り程度大きくなったら、台に取り出してカードで4等分に切る。

6　ひとつを麺棒で15×20cmの長方形に広げる。

7　長辺の両端に中央1cmを残し、1cm幅の切り込みを入れる。

8　ソーセージを生地の中央に2本縦長に置き、切り込んだ部分をソーセージに1本ずつ左右交互に巻きつける。

9　12cm四方に切ったオーブンシートに斜めにのせる。同様に残りの生地も成形してオーブンシートにのせる。

### [ 二次発酵 ]

10　天板にのせ、ビニールシートを被せる。室温に40〜50分、ひと回り程度大きくなるまで置いて発酵させる。

### [ ケトリング＆焼成 ]

11　オーブンを210℃に予熱する。

12　鍋かフライパンに1.5ℓの湯を沸かし、はちみつまたは砂糖大さじ1/2（分量外）を加えて溶かす。鍋底からプツプツと小さな泡が浮いてくる程度の温度（80〜90℃）になったら、オーブンシートごとベーグルを入れて両面1分ずつ茹でる。はがれたオーブンシートは天板に並べ直す。

13　天板に並べたオーブンシートの上に茹でたベーグルを置く。粗挽き黒胡椒を全体にたっぷりふり、温めたオーブンで12〜15分焼く。

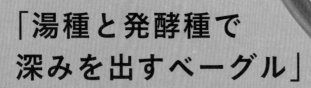

# 「湯種と発酵種で 深みを出すベーグル」

ベーグルを最大限においしくするには、小麦の旨味をいかに引き出すかが、鍵。

それは、粉の1粒1粒の芯まで水分をよく浸透させることにある。

ただ、本書で紹介しているむっちりベーグル以外は、水分と粉が混ざり合う時間（発酵時間）が数時間しかなく、小麦粉本来の旨味を引き出せないことが多い。

その場合は、湯種や発酵種を一部生地に加えることで、味わいに深みを出すことができる。

イーストではなく、また違った発酵のおいしさを味わってみたいときに試してほしい。

## 湯種

ボウルに強力粉と湯（60℃以上）を1：1で混ぜ、ラップを被せて粗熱を取る。保存容器に入れて冷蔵庫で6時間休ませる。

1レシピにおいて、水分と強力粉を各30gずつ減らし、作った湯種60gを一緒に捏ねます。湯種はベーグルに旨味と甘味を足し、もちもちした食感を与えます。

## 発酵種

ボウルに強力粉50g、水55g、イーストと塩各ひとつまみを混ぜ、ラップを被せる。室温に1〜2時間置いて、生地が2〜3倍の大きさに膨らみ、表面に気泡がポコポコとでき、ゆらゆらとやわらかいプリンのような弾力のある揺れをしたら、保存容器に入れる。冷蔵庫で6時間休ませる。

1レシピにおいて、水分と強力粉を各30gずつ減らし、作った発酵種60gを一緒に捏ねます。発酵種はベーグルに熟成した風味と小麦の旨味を足し、表面はパリッと焼き上がり、もちもちした食感を与えます。

CREAM
CH

## ブルーベリージャムの
## クリームチーズ

クリームチーズ ── 100g
ブルーベリージャム ── 20g
グラニュー糖 ── 大さじ1
レモン汁 ── 小さじ½

作り方

**1** クリームチーズは室温に置いて少しやわらかく
する。

**2** ボウルに**1**と残りの材料を入れ、ゴムベラでよ
く混ぜる。

ベーグルサンドと楽しむ。
クリームチーズ

## 豆腐の
## クリームチーズ風

材 料　作りやすい分量

木綿豆腐 ── 150g
豆乳ヨーグルト ── 10g
レモン汁 ── 小さじ1
米油 ── 小さじ1

作り方

**1** 木綿豆腐をペーパータオルで包み、120gになる
まで2時間ほど水抜きする。

**2** フードプロセッサーに**1**と残りの材料を入れ、
なめらかになるまで撹拌する。フードプロセッ
サーがなければ、ボウルに入れて泡立て器でよ
く混ぜる。クリームチーズのように具材と混ぜ
て使ってもよい。

## パインとココナッツの
## クリームチーズ

材料 作りやすい分量

クリームチーズ —— 100g
ドライパイン —— 20g
ココナッツファイン —— 3g
グラニュー糖 —— 大さじ1
マリブリキュール（あれば）—— 小さじ1

### 作り方

**1** クリームチーズは室温に置いて少しやわらかく
する。ドライパインは5mm角に切る。

**2** ボウルに**1**と残りの材料を入れ、ゴムベラでよ
く混ぜる。

## 干し柿とほうじ茶の
## クリームチーズ

材料 作りやすい分量

クリームチーズ —— 100g
干し柿 —— 30g
ほうじ茶葉（粉末）—— 1g
メープルシロップ —— 大さじ1

### 作り方

**1** クリームチーズは室温に置い
て少しやわらかくする。干し
柿は1cm角に切る。

**2** ボウルに**1**と残りの材料を入
れ、ゴムベラでよく混ぜる。

## ピスタチオとホワイトチョコの
## クリームチーズ

材料 作りやすい分量

クリームチーズ —— 100g
ピスタチオ —— 20g
チョコチップ（ホワイト）—— 5g
練乳 —— 大さじ1

### 作り方

**1** クリームチーズは室温に置いて少しやわらかく
する。ピスタチオは粗く刻む。

**2** ボウルに**1**と残りの材料を入れ、ゴムベラでよ
く混ぜる。

## ディルとオリーブの
## クリームチーズ

材料　作りやすい分量

クリームチーズ ── 100g
ディル ── 1枝
ブラックオリーブ(種抜き) ── 20g
白ワインビネガー ── 少々
塩 ── 少々
粗挽き黒胡椒 ── 少々

作り方

1　クリームチーズは室温に置いて少
　しやわらかくする。ディルは葉を
　摘み、粗みじん切りにする。ブラ
　ックオリーブは輪切りにする。

2　ボウルに1と残りの材料を入れ、
　ゴムベラでよく混ぜる。

## はちみつと味噌の
## クリームチーズ

材料　作りやすい分量

クリームチーズ ── 100g
味噌 ── 10g
はちみつ ── 大さじ½
粉山椒 ── 少々

作り方

1　クリームチーズは室温に置いて
　少しやわらかくする。

2　ボウルに1と残りの材料を入れ、
　ゴムベラでよく混ぜる。

## タラモサラタ風
## クリームチーズ

材料　作りやすい分量

クリームチーズ —— 100g
じゃがいも —— 100g
たらこ —— 1/2 腹分
レモン汁 —— 小さじ 1/2

作り方

1　クリームチーズは室温に置いて少しやわらかくする。

2　じゃがいもは皮をむいて3〜4cm角に切り、さっと水にさらす。水気をきり、耐熱皿にのせてラップを被せる。600Wの電子レンジに入れ、やわらかくなるまで2分半ほど加熱する。

3　2が熱いうちに残りの材料を加え、ゴムベラで混ぜる。

## 梅、きゅうり、わさびの
## クリームチーズ

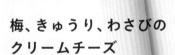

材料　作りやすい分量

クリームチーズ —— 100g
きゅうり —— 1/2 本
たたき梅 —— 10g
練りわさび —— 5g
削り節 —— 2g
醤油 —— 少々

作り方

1　クリームチーズは室温に置いて少しやわらかくする。きゅうりは半月形の薄切りにし、ボウルに入れる。塩ひとつまみ(分量外)を加えて塩もみする。10分置いて水気をしっかり絞る。

2　すべての材料をボウルに入れ、ゴムベラでよく混ぜる。

# ベーグルで楽しむ。
# サンドイッチ

# SANDWICHES

SWEET

## ラムレーズン
## ホイップクリームと
## プリンのサンド

材料　1個分

好みのベーグル —— 1個
プリン（かためのもの）—— 1個
ラムレーズンホイップクリーム
　生クリーム —— 50g
　グラニュー糖 —— 小さじ$\frac{1}{2}$
　ラムレーズン —— 8g

作り方

1 ラムレーズンホイップクリームを作る。
　ボウルに生クリームとグラニュー糖を入
　れ、9分立てに泡立て、ラムレーズンを加
　えてさっと混ぜる。

2 ベーグルは半分の厚さに切る。

3 2の下部の断面にラムレーズンホイップ
　クリーム適量を塗る。プリンをのせ、プ
　リンを覆うように残りのホイップクリー
　ムをたっぷり塗る。

4 上部を重ね、ラップまたはオーブンシー
　トで包み、冷蔵庫に30分ほど置いて馴染
　ませる。

## チョコカスタードと
## ホイップクリームの
## ココアクッキーサンド

材料　1個分

好みのベーグル —— 1個
ココアクッキー —— 2枚
チョコカスタード（作りやすい分量）
　卵黄 —— 1個分
　グラニュー糖 —— 25g
　薄力粉 —— 15g
　牛乳 —— 100g
　チョコレート —— 30g
ホイップクリーム
　生クリーム —— 50g
　はちみつ —— 小さじ$\frac{1}{2}$

作り方

1 チョコカスタードクリームを作る。鍋に卵黄、グラニュー糖、薄力粉を入れて泡立て器
　でよく混ぜ、牛乳を少しずつ加えながら混ぜる。

2 鍋を中火にかけ、フツフツとしてきたら弱火にし、焦がさないように混ぜながら、その
　まま1分半沸騰させる。

3 火を止め、チョコレートを割りながら加え、溶かしながら混ぜる。バットに広げ、ラッ
　プをぴったりと被せ、保冷剤などを当てて急冷する。

4 ホイップクリームを作る。ボウルにすべての材料を入れ、9分立てに泡立てる。

5 ベーグルは半分の厚さに切る。

6 5の下部の断面に冷えたチョコカスタードクリーム半量を塗り広げ、その上にココア
　クッキーをのせ、ホイップクリームを塗り広げる。

7 上部を重ね、ラップまたはオーブンシートで包み、冷蔵庫に30分ほど置いて馴染ませる。

## ダブル
## ブルーベリーの
## クリームチーズ
## サンド

材料　1個分

好みのベーグル —— 1個
ブルーベリージャムの
　クリームチーズ（p.86参照）
　　—— 半量
ブルーベリー —— 適量

作り方

1 ベーグルは半分の厚さに切る。

2 1の下部の断面にブルーベリー
　ジャムのクリームチーズを塗り
　広げ、ブルーベリーを埋め込む
　ように全体に並べる。

3 上部を重ね、ラップまたはオー
　ブンシートで包み、冷蔵庫に30
　分ほど置いて馴染ませる。

好みのベーグル —— 1個
クリームチーズ —— 15g
パストラミ —— 40g
ベビーリーフ —— 5g
キャロットラペ
　にんじんのせん切り —— $\frac{1}{2}$本分
　ピスタチオ粗みじん切り —— 5粒分
　塩 —— ひとつまみ
　レモン汁 —— 小さじ2
　オリーブオイル —— 小さじ2
　はちみつ —— 小さじ1

**作り方**

1　キャロットラペを作る。ボウルににんじんを入れ、塩ひとつまみ（分量外）を加えて塩もみする。10分ほど置いて水気をしっかり絞る。残りの材料を加えて混ぜる。

2　ベーグルは半分の厚さに切る。

3　2の下部の断面にクリームチーズを塗り広げ、ベビーリーフ、1、パストラミを順にのせる。

4　上部を重ね、ラップまたはオーブンシートで包み、冷蔵庫に15分ほど置いて馴染ませる。

### パストラミと
### キャロットラペの
### クリームサンド

---

**材料**　　1個分

好みのベーグル —— 1個
ロースハム —— 2枚
サニーレタス —— 1枚
かいわれ大根 —— 5g
海老とブロッコリーのサラダ
　茹で海老 —— 3尾
　茹でブロッコリー —— 80g
　オリーブオイル —— 小さじ2
　アンチョビの粗みじん切り
　　—— $\frac{1}{2}$切れ分
　白ワインビネガー —— 小さじ$\frac{1}{2}$
　粗挽き黒胡椒 —— 少々

**作り方**

1　海老とブロッコリーのサラダを作る。海老は殻とあれば背ワタを取り、ブロッコリーは小房に分ける。ボウルにすべての材料を入れて混ぜる。

2　ベーグルは半分の厚さに切る。

3　2の下部の断面にサニーレタス、ロースハム、1を順にのせ、かいわれ大根を散らす。

4　上部を重ね、ラップまたはオーブンシートで包み、冷蔵庫に15分ほど置いて馴染ませる。

### ハムと海老と
### ブロッコリーの
### サラダサンド

---

**材料**　　1個分

好みのベーグル —— 1個
スモークサーモン —— 50g
クリームチーズ —— 50g
グリーンカール —— 2〜3枚
赤玉ねぎの薄切り —— 10g
ケイパー —— 小さじ$\frac{1}{2}$

**作り方**

1　ベーグルは半分の厚さに切る。

2　1の下部の断面にクリームチーズを塗り広げ、グリーンカール、スモークサーモン、赤玉ねぎを順にのせ、ケイパーを散らす。

3　上部を重ね、ラップまたはオーブンシートで包み、冷蔵庫に15分ほど置いて馴染ませる。

### スモークサーモンの
### クリームチーズサンド

SALTY

# 材料

INGREDIENTS

## 1. 強力粉

手軽に手に入る強力粉でおいしく作れますが、最強力粉はタンパク質を多く含んでいるため、生地がかたくなりやすいので注意してください。手に入りやすい粉でおすすめなのは、カメリヤ、スーパーカメリヤ、キタノカオリ、春よ恋、ゆきちからなどです。

## 2. 薄力粉

強力粉に薄力粉を加えてベーグルを作ると、ふわっとした食感の生地になります。本書では、薄力粉のほかに全粒粉やライ麦粉も強力粉にミックスしています。全粒粉は香ばしい風味と香りがあり、歯切れのよい食感に。ライ麦粉はコクと香りが豊かになります。ライ麦粉を選ぶ際は吸水に時間のかからない細挽きのものを選んでください。

## 3. 砂糖

発酵を安定させ、風味を与えてくれます。本書ではきび砂糖やはちみつを使いますが、普段使っている砂糖でも構いません。

## 4. はちみつ

主にケトリングの際に加えます。ベーグル特有のツヤが出ます。通常はモラセスという砂糖を精製するときに出る副産物のシロップを使いますが、本書でははちみつを使います。はちみつがない場合は砂糖でも構いません。

## 5. 水

ミネラル分の少ない、常温の水道水を使います。

## 6. イースト

安定して発酵するインスタントドライイーストを使います。開封後は鮮度を保つため、密閉して冷凍庫で保管してください。

## 7. 塩

旨味成分の豊富な海水でできた塩を使います。

# 道具

## 1. 鍋

ケトリングする際に使います。1.5ℓの水が入る、口の広いものが使いやすいです。フライパンを使っても。

## 2. ボウル

直径20cmほどの大きさのものが使いやすいです。

## 3. カード

生地を分割する際に使います。包丁を使っても構いません。

## 4. 泡立て器

水に塩や砂糖を溶かし混ぜる際に使います。小さめのもので構いません。

## 5. ビニールシート

二次発酵の際、天板にのせたベーグルに被せます。ない場合は、濡れフキンで代用できます。

## 6. オーブンシート

オーブンシートは12cm四方に切って使います。あらかじめカットして準備しておきます。

## 7. トング

ケトリングの際にベーグルを表裏に返す際にあると便利です。

## 8. 麺棒

生地をのばす際に使います。使用後は水洗いせず、濡れフキンで汚れをふき、カビないように乾かします。

## 9. すくい網

茹でたベーグルを引き上げる際に使います。

## 10. ゴムベラ

粉に水分を混ぜるときに使います。小さめのもので構いません。

## 11. オーブン用手袋

ミトンより5本指タイプのものがおすすめです。軍手を2枚重ねて代用もできます。

## 12. スケール

ベーグルの材料はg表示です。1g単位で量れるものが向いています。

## ムラヨシマサユキ

料理研究家。製菓学校卒業後、パティスリー、カフェ、レストランなどの勤務を経て、お菓子とパンの教室をスタートさせる。日々の暮らしの中にある"美味しい"を見い出し、繰り返し作れるシンプルなレシピを提案する。雑誌、書籍、テレビ、料理教室の講師、メニュー開発など多方面で活躍中。『冷蔵庫仕込みでじっくり発酵。カンパーニュ』『ムラヨシマサユキのチョコレート菓子 ぼくのとっておきのレシピ。』『作って楽しい 食べて美味しい ムラヨシマサユキのシフォンケーキ研究室』『同じ材料でプチパンからベーグル、クッペまで。テーブルブレッド』『ムラヨシマサユキのスコーンBOOK』(グラフィック社)など著書多数。

**PHOTOGRAPH**

南雲保夫

**STYLING**

西崎弥沙

**DESIGN**

小橋太郎(Yep)

**COOKING ASSISTANT**

福田みなみ

**EDITING**

小池洋子(グラフィック社)

## ムラヨシマサユキの
# ベーグルブック

2023年9月25日　初版第1刷発行

著　者　ムラヨシマサユキ
発行者　西川正伸
発行所　株式会社グラフィック社
　　　　〒102-0073　東京都千代田区九段北1-14-17
　　　　tel.03-3263-4318(代表)　03-3263-4579(編集)
郵便振替　00130-6-114345
http://www.graphicsha.co.jp

印刷・製本　図書印刷株式会社